Merci aux sociétés et organisations qui ont rendu la production de ce livre possible;

L'Asie Lointaine

ViêtnAmitié

Xi

Saigon Eternelle

PORTRAIT D'UNE VILLE AU PASSÉ TOUJOURS PRÉSENT

VILLES
éternelles

Publié à Hong Kong par Les Editions d'Indochine, Fortune Image Ltd.
Photographies: Thomas Renaut
Texte: Richard Werly

Toutes les photographies sont distribuées par l'agence de photographie
ASA PRESS à Bangkok.
Tel: 662 - 234 97 81 Fax: 662 - 237 57 59

Pour toute information concernant la distribution ou la diffusion de cet ouvrage,
fax: (662) 237 5759.

Développement des films: AV Camera, Bangkok - Tel (662) 234 4786
Conception graphique: ASA Studio, Bangkok - Tel (662) 234 9781
Mise en page: Xtra image, Bangkok - Tel (662) 275 2585
Gravure: Eastern Express, Bangkok
Impression: Eastern Printing, Bangkok

Editeurs: Thomas Renaut et Marc Wiltz
Editeur photo: Roland Neveu
Coordination du projet: Francesca Leandri

ISBN 962-7996-04-1
Ñº d'éditeur: 7996
Distribution (France, Suisse, Belgique, Canada): Vilo

Remerciements:
Merci à tous les amis et organisations qui ont rendu la publication de ce livre possible, notamment à Alexandra pour ses encouragements continuels, Bernard Brugère pour son soutien, Ko et sa famille pour son accueil, Gilles Mety, Yves Poupon, Daniel Teruel pour leur aide au Vietnam, Christine Rabaste en France.

Saigon Eternelle

PORTRAIT D'UNE VILLE AU PASSÉ TOUJOURS PRÉSENT

PHOTOGRAPHIES DE THOMAS RENAUT
TEXTE DE RICHARD WERLY

PREFACE DE JEAN LACOUTURE

une collection de livres proposée par

EI

Les Editions d'Indochine

Hommage aux capitales indochinoises

Essayons d'imaginer les villes et les bourgades en Indochine au milieu du XIXe siècle, de la Cochinchine au bord du Mékong. Reflets de civilisations raffinées, où les grandeurs khmères s'alliaient à l'ingéniosité vietnamienne et aux génies du grand fleuve venu des hauteurs du Thibet, c'étaient à coup sûr de charmantes agglomérations, fourmillantes de vie, rutilantes de végétation où éclataient les fleurs de ce qu'on n'appelait pas encore "les filles du consul".
On commençait à employer le vocable d'Indochine forgé quelques années plus tôt par le géographe danois Malte-Brun. Le concept de Vietnam était plus flou, ou en tout cas sa projection géographique: refoulant le peuplement khmer, les hommes laborieux venus de Hanoï et de Hué s'installaient dans le delta du Mékong pour offrir à Gia Long un empire copieux - aux dépens du domaine des rois du Kampuchea, descendants des bâtisseurs d'Angkor.
Le monde encore incertain de ses solidarités et de ses virtualités que le défi colonial a contribué à regrouper et à réveiller, je l'ai pour ma part découvert au lendemain de la guerre - je veux dire de la 2ème guerre mondiale - et à la veille des grandes convulsions d'où ont émergé, indépendants mais tout couturés de cicatrices, le Vietnam, le Laos et le Cambodge.

Saigon, à peu près épargnée par le conflit mondial, grouillant de troupes venues de tous les horizons et porteuses d'uniformes japonais autant que britanniques, gurkhas ou français, souriait encore à travers ses angoisses et ses appréhensions, moins belle qu'enjôleuse, mais aussi charmante qu'envoûtante, juteuse comme une mangue mûre, pulpeuse comme le premier latex. Les flamboyants nous éblouissaient, et l'architecture coloniale, où dominaient l'ocre et la tuile, nous parlait comme un récit de Dorgelès ou un reportage du très jeune Malraux.
Qui n'a pas connu Saigon de ces années-là, avant que la guerre française, puis américaine, la transforme en très louche arrière-cuisine de combats douteux, n'a pas connu le parfum de la rencontre aventureuse et de la flânerie pimentée de risques. Trop d'hommes mouraient déjà alentour, et les interventions étrangères étaient trop contestables, pour que l'on ose parler du "bon temps". Mais de ce charme vénéneux, de ce que j'appellerai le temps du datura, je veux témoigner: c'est là que l'adolescent attardé que j'étais a tenté de comprendre une autre culture, une autre sensibilité, d'autres "droits". Et cela ne peut être oublié, en visitant aujourd'hui la cité géante accouchée par deux guerres...

Phnom Penh était le rêve permanent que nous faisions à Saigon - d'une capitale en paix au bord du fabuleux Mékong. Quand, après quatre ou cinq mois d'attente, j'ai enfin pénétré dans la cité où régnait gaiement un roi nommé Norodom Sihanouk Varman, j'ai cru défaillir de bonheur: que Phnom Penh était belle, riante, ample et libre, spacieuse et verte, que la marche y était élastique et fringante, avant que s'abatte sur elle l'ignoble malédiction de Pol Pot et de ses assassins...

Bien sûr, on sentait chez les plus valeureux des jeunes gens, une vive impatience: la main de la France était encore trop lourde, au moins jusqu'à la "croisade royale" de 1953 et la montée vers le pouvoir de ces jeunes révolutionnaires qui s'appelaient Hou Youn et Chau Seng et allaient mourir sous les matraques de leurs anciens camarades de l'Angkar.

Mais il n'était pas de sujet que l'on n'abordât franchement, dans les guinguettes des bords du Tonlé Sap, ou dans les jolis petits restaurants du marché, à côté de la gare. Le jeune Cambodge avait des fourmis dans le corps, un bel appétit à vivre, et sa capitale aux formes voluptueuses, étendue au bord du fleuve et du lac comme une déesse de l'amour, incitait à l'espoir.

J'ai beaucoup moins connu Vientiane, en raison de la robuste sagesse laotienne qui ne se pressait pas de bousculer le cours de l'histoire: mes séjours les plus nombreux au royaume du million d'éléphants eurent pour cadre la plaine des Jarres, où les trois princes Souvanna Phouma, Souphannouvong et Boun Oum tentaient d'accorder, non sans frictions, leurs vues.

Comment s'appelait le petit hôtel de la capitale laotienne où nous faisions escale, impatients de finir notre riz aux crevettes pour aller flâner le long du Mékong où le soleil n'en finissait plus de caresser les eaux rose et ocre... Nous planifions des reportages qui nous permettaient d'admirer les femmes thaï au corsage si haut, aux gestes merveilleux de simple grâce...

Vientiane a-t-elle changé autant que Saigon et Phnom Penh? Je ne sais. Mais quand une ville est à ce point le reflet de son fleuve, il faudrait arrêter le cours des eaux pour l'enlaidir. Et qui oserait enchaîner le Mékong?

Mais pour tout dire, aucune cité d'Indochine ne m'émeut, ou me charme, ne m'attache plus que le fait Hanoi, où, mieux qu'ailleurs, j'ai vu se faire l'histoire de l'Indochine contemporaine, en cette extraordinaire année 1946 où le destin oscilla constamment entre la paix et la guerre. La paix, si proche et si difficile, la guerre atroce dont nous ne pouvions imaginer qu'elle durerai trente ans.

Revenant à Hanoi voici deux ans, j'ai retrouvé intact mon cher petit Lac, le temple des Lettrés, la rue de la Soie, les cyclistes innombrables qui fendent l'air comme des libellules héroïques... Hanoi la brave et la fidèle, Hanoi qui marche à petits pas vers la paix véritable...

Jean Lacouture, Paris, 18 avril 1995

Rave

Sommaire

A première vue, l'endroit pourrait servir de décor à un film: une impasse si vieille, si gangrenée d'humidité et de rouille qu'elle détonne même au coeur de Cho Lon, la ville chinoise de Saigon. Là, sur le flanc droit de l'avenue Tran Hung Dao qui traverse de part en part cette immense foire qu'est Chinatown, le temps s'est arrêté. Toujours les mêmes guirlandes de linge posées, pour sécher, sur des bambous tendus en travers des ruelles. Toujours ces bâtonnets d'encens placés, incandescents, devant les autels fleuris de petites lumières

Cho Lon, quartier soumis plus que tout autre à la loi de l'argent

rouges. Un décor animé de silhouettes de vieillards repus et de conversations entre femmes, affalées à dévorer leurs soupes matinales dans de vieilles chaises longues placées sur les paliers. Cho Lon est sans âge au 76 rue Ngo Quyen, l'ancienne rue d'Annam de la "Belle Colonie".

Il y a un siècle, le spectacle offert par cet entrelacs de rues étroites aux devantures chargées d'idéogrammes ne devait guère être différent. Cho Lon, royaume de l'opium, des filles et des cercles de jeu était alors pour des contingents de matelots coloniaux fraîchement débarqués de Marseille ou d'ailleurs, l'exutoire d'éternels fantasmes, nimbé par l'odeur des fumeries et assourdi par le vacarme des bordels de cette rue Nguyen Trai, la "rue des marins" de l'époque. Un Cho Lon de jadis corrompu par les millions de piastres dépensés chaque soir sur les tables du célèbre casino "le Grand Monde". Un Cho Lon considéré déjà comme l'un des épicentres économiques de Saigon. Une ville dans la ville, effervescente des transactions conclues par les Chinois de la diaspora et par les Vietnamiens de l'étranger. Un quartier soumis plus que tout autre à la loi de l'argent, du commerce et des incontournables connexions familiales.

LES ENTRAILLES DU "GRAND MARCHE"

Cho Lon - Saigon: couple inséparable de deux cités où la première joua toujours pour la seconde le rôle de pourvoyeur de fonds, d'hommes et de complots. C'est dans le ventre de

la ville chinoise vibrait autant la nuit que le jour

Cho Lon, refuge de milliers d'immigrants chinois sans le sou, qu'attendaient dès l'aube les milliers de "coolies" affamés, soutiers corvéables à merci. Et c'est naturellement dans les entrailles de ce "grand marché" que se recrutèrent en priorité les émeutiers et les partisans zélés du mouvement de révolte anti-colonialiste au début de ce siècle. Ce fut un affront terrible fait à la bonne conscience d'une bourgeoisie cochinchinoise persuadée alors d'incarner le meilleur de la civilisation. Les communistes vietnamiens des premières heures trouvèrent dans ce dédale de ruelles un repaire accueillant et sûr, nourrissant leur propagande de tous les excès commis par les colons dans la perle de l'Indochine française.

Mais Cho Lon fut surtout la concubine dévoyée de Saigon: là se déversèrent longtemps les penchants troubles et les abus que la ville administrative ne pouvait tolérer. Pendant des décennies, les marins à l'escale y firent connaissance avec l'Asie, au point de s'y laisser parfois engloutir. Des bordels astucieusement surnommés pour contourner la censure officielle - comme ce "O 20 100 O" (au vin sans eau) dont certains se souviennent - aux affriolantes soirées de gala du "Grand Monde", casino cabaret remplacé dans le Ho Chi Minh-Ville d'aujourd'hui par un complexe sportif et quelques restaurants karaoke où se négocient, dit-on, de colossales et périlleuses opérations financières souterraines...
Lucien Bodard, et quelques autres journalistes français furent les chroniqueurs de ce fascinant étalage de vices. Leurs plumes immortalisèrent dans l'immédiat après-guerre les salons du "Grand Monde" où opéraient les plus belles filles galantes de toute l'Indochine.

l'origine du nom Saigon est elle-même un sujet de controverse

Plumés aux tables de poker, puis étourdis par le charme et l'adresse de ces "Suzie Wong" locales très souvent eurasiennes, bien des administrateurs coloniaux s'y perdirent corps et biens...

DE DI AN A HO CHI MINH-VILLE

Commencer un portrait de Saigon par une longue excursion dans Cho Lon n'est pas fortuit. C'est l'histoire qui l'impose, ou du moins le suggère. Avant la ville vietnamienne, il existait déjà au bord d'un des méandres de la rivière de Saigon un poste de commerce chinois surnommé Di An, rebaptisé Cho Lon en 1801 par le proconsul vietnamien Le Van Duyet. Bourgade marchande, Di An dépendait administrativement de My Tho, autre ville chinoise située 70 kilomètres plus au sud dans le delta du Mékong.

Quant au nom de Saigon, les experts s'opposent encore sur son origine: certains affirment qu'il provient de l'expression "Tai Ngon" utilisée par les marchands chinois pour désigner leur localité. D'autres estiment au contraire que Saigon est l'association de deux termes agricoles, le terme chinois "Sai" (bois) et le terme annamite "Gon" désignant le coton cultivé par les Cambodgiens aux abords des fortifications de l'endroit jusqu'a la fin du 17ème siècle.

Avant la première expédition navale franco-espagnole de 1859, le nom de Saigon servait à désigner l'espace aujourd'hui occupé par Cho Lon. L'actuelle Saigon en revanche répondait au nom vietnamien de Ben Nghe, tiré de la rivière Ben Nghe que les Français renommèrent rapidement... "l'arroyo chinois".

Ho Chi Minh Ville porte aujourd'hui les marques de ses divisions passées

Saigon n'apparut donc pas d'emblée. Un autre nom, Gia Dinh, servit longtemps à la dynastie impériale vietnamienne des Nguyen pour désigner, au 19ème siècle, le poste militaire Annamite installé dans ces parages. Par extension, Gia Dinh désigna la totalité de la partie orientale du delta du Mékong, tombée sous la juridiction de la cour de Hué après que l'empereur Gia Long ait maté la révolte des Tay Son en l'an 1790.

Le fait que Cho Lon continue d'apparaître aujourd'hui comme une entité presque séparée de l'actuelle Ho Chi Minh-Ville découle très largement de cette époque et de la volonté des colonisateurs. Soucieux de bien montrer leur supériorité et de se distinguer des résidents chinois, les amiraux français qui bâtirent Saigon firent de leur mieux pour séparer d'emblée les diverses communautés. Ils concentrèrent leurs efforts architecturaux sur le futur cœur administratif de la "ville blanche", articulée autour de la cathédrale en briques rouges construite entre 1877 et 1880. A l'opposé, accolée aux canaux sillonnés par les barges gorgées de riz ou de vivres en provenance du delta, la ville chinoise de Di An, devenue Cho Lon, resta quasi intacte.

la "ville blanche" reste le centre du pouvoir administratif

Une troisième ville complétait ce savant dosage: la ville Kinh, du nom de l'ethnie majoritaire des Vietnamiens des plaines, centrée autour de l'espace occupé de nos jours par l'aéroport international Tan Son Nhut. C'est là que s'agrégèrent, au fil des événements et de l'exode rural, les quartiers indigènes construits à la va-vite le long des canaux et des routes reliant Saigon à son arrière-pays. Le centre spirituel de ces faubourgs populeux rythmés par les rituels bouddhistes et confucianistes était - et reste encore - la plus vieille pagode de la ville, le temple de Giac Lam en plein coeur du district de Tan Binh.

UNE CITADELLE COLONIALE

Ancien site fortifié contrôlé d'abord par les Khmers, puis par les Annamites, Saigon allait, sous la férule de l'un de ses premiers gouverneurs français, l'amiral de La Grandière, devenir la citadelle des blancs dans une Cochinchine en voie de pacification. Cette citadelle dépourvue de remparts s'arc-boutait sur un centre administratif réservé aux colons de haut rang, aux visiteurs étrangers et à une poignée de familles vietnamiennes fortunées et ralliées au régime colonial. De cette géographie urbaine respectueuse des frontières sociales, Ho Chi Minh-ville porte encore témoignage: l'ancienne "ville blanche" est restée, depuis le départ des Français, le centre du pouvoir administratif et la zone de résidence préférée de l'élite politique locale.

la révolution urbaine de Saigon ne cessera d'en modeler le paysage

Ce n'est pas un hasard non plus si les Français se sentent un peu chez eux à Ho Chi Minh-Ville. Sans forcer le trait, Saigon est le produit de l'époque coloniale, et surtout de ces premières années de conquête où la cité, sous le contrôle de la marine française, s'édifia en lieu et place des huttes de bambous qui abritaient jusque-là des paysans. Peu enclins à respecter l'habitat indigène, les militaires français, entre 1860 et 1880, rasèrent le site fortifié de Gia Dinh qui incluait alors une cinquantaine de villages regroupés autour d'un semblant de citadelle initiée par Gia Long et complétée sous le régne de son petit-fils l'empereur Minh Mang. C'est à partir de là que Saigon prit forme, constituée de rues parallèles et bientôt aménagée comme une véritable ville portuaire: quais de débarquement, routes, avenues, bâtiments administratifs... La révolution urbaine à l'européenne ne cessera plus d'en modeler le paysage.

"La vraie ville", foi de colon, se limitait alors à ce fameux plateau, partie occidentale de la cité, bordé par la rivière et par son affluent l'arroyo de l'avalanche, avec la cathédrale pour point de ralliement. Là se tenaient les quartiers français, délimités en contrebas et de chaque côté par un alignement de casernes où l'infanterie coloniale composée de recrues venues de tout "l'empire" jouait le rôle de cordon protecteur. Sur ce plateau se trouvait aussi le quartier résidentiel, pompeusement constitué de villas cossues à l'architecture inspirée de la métropole et habitées par l'élite coloniale et son armée de "boys" et de

les catholiques se retrouvent en nombre chaque dimanche

"boyesses". C'était le royaume des messieurs coiffés de casques blancs et de leurs épouses, surnommées les "badams" par les servantes annamites et par les congaï (les jeunes filles légères) affairées à séduire les maris.

Quelques centaines de mètres seulement séparaient les résidences de ces fonctionnaires coloniaux du palais du gouverneur général (aujourd'hui Palais de la Réunification). A l'une de ses extrémités, le parc du Palais jouxtait le porche du lycée Chasseloup-Laubat (rebaptisé Le Quy Don) considéré à juste titre comme le creuset intellectuel de toute la colonie.

A proximité, débouchant sur la rivière où mouillaient les paquebots reliant à la métropole, se trouvait l'avenue Paul Blanchy (Hai Ba Trung) et la rue Tabert (Nguyen Du), sans oublier bien sûr l'artère reine de la "Belle Colonie": cette rue Catinat (Dong Khoi) dominée en aval par la façade art déco de l'hôtel Majestic et plus haut par la silhouette massive de l'hôtel Continental. On trouva longtemps en face de celui-ci le quartier général de la très redoutée Sureté Coloniale.

UN PASSE OMNIPRESENT

Malgré les changements radicaux survenus depuis la victoire communiste le 30 Avril 1975, la métropole du sud conserve encore des traces de l'ordre colonial d'antan. A commencer par ses lieux de pouvoir: hormis le Palais de la Réunification, transformé partiellement en

cette ville unique a toujours anticipé les tournants nationaux

musée mais tout de même utilisé pour des cérémonies politiques importantes, les édifices coloniaux continuent d'abriter nombre d'organisations ou d'administrations émanant du Parti Communiste. Le Comité Populaire de la ville - l'équipe municipale - a naturellement pris possession de l'ancien Hôtel de Ville, dont le charme rococo doit maintenant s'accomoder de la présence à l'arrière-plan d'une tour de verre et d'aluminium.

Et dans un tout autre registre, plusieurs édifices majeurs de l'époque française demeurent en pleine activité. La Poste Centrale, ornée d'un portrait géant de l'ancien président Ho Chi Minh, reste le lien privilégié entre les Saigonnais et leurs familles parties à l'étranger. La cathédrale continue chaque dimanche de résonner des messes et des prières des nombreux catholiques vietnamiens. Côté loisirs, l'ancien Cercle Sportif, avec ses courts de tennis désuets et une piscine longtemps à l'abandon, réaffiche désormais complet chaque dimanche que la mousson épargne.

Si peu de changements après tant d'années de tragiques bouleversements ? Cette réalité ne surprend guère tant Ho Chi Minh-Ville, dopée par les réformes récentes, donne depuis quelques années l'impression de s'être replacée sur les rails laissés par Saigon. Ce retour aux sources est d'autant plus facile que l'ordre communiste imposé au lendemain de 1975 n'est jamais vraiment parvenu à éradiquer le passé. Cette ville unique semble avoir, à

Saigon fut toujours la plus cosmopolite des villes du pays

chaque tournant national, anticipé le prochain virage. En abritant dans ses entrailles quantité d'intellectuels nationalistes sensibles aux thèses radicales de l'oncle Ho, Saigon avait épousé partiellement la cause de la révolution. Mais à peine devenue Ho Chi Minh-Ville et transformée par les Can Bo, les cadres communistes descendus du Nord, en métropole punie, la ville est devenue naturellement le foyer de la contestation naissante, le point de départ prioritaire des "boat people" et aujourd'hui le centre névralgique des réformes économiques en cours.

Ce retour de Saigon sous le manteau de Ho Chi Minh-Ville s'inscrit dans la continuité d'une ville dont le rôle de plaque tournante commerciale s'est souvent conjugué avec celui d'exutoire socio-économique. Contrairement à Hanoï, austère capitale intellectuelle, ou à Hué, ville impériale hors du temps, Saigon n'a jamais cessé tout au long de son histoire d'être en avance sur son époque. C'est ici que la bourgeoisie libérale emmenée par Phan Chau Trinh (mort en 1926) commença à placer dans l'entre-deux-guerres les banderilles nationalistes. Les feux naissants furent attisés ensuite par les communistes du Nord soutenus par la Chine. Et c'est d'ici aussi que Nguyen Ai Quoc (le futur Ho Chi Minh) s'embarqua pour la France en 1911 pour un long séjour en métropole dont le point d'orgue fut sa participation en 1920 au fameux congrès de Tours qui vit se diviser les socialistes français.

Cho Lon demeure le poumon commercial de la ville meridionnale

UNE VILLE SOUS INFLUENCE

Intimement liée à la métropole d'où parvenaient chaque semaine les navires de commerce et de nouveaux colons, Saigon fut toujours la plus cosmopolite des villes vietnamiennes. Les influences françaises se firent vivement sentir, favorisant plus qu'ailleurs l'émergence des débats publics et d'une contestation politique latente. Bien que la proximité géographique du bagne colonial de Poulo Condor ait montré les limites à ne pas dépasser, c'est à Saigon que des esprits brillants tels que Nguyen An Ninh (qui mourra justement au bagne), aidés par des contestataires français comme l'avocat démocrate Paul Monin, s'efforcèrent de populariser la cause nationaliste. A l'inverse, l'intelligentsia souterraine de Hanoï emmenée par Vo Nguyen Giap ne parvint jamais à obtenir un tel écho en ville, préférant soulever les campagnes et prendre le maquis.

Pourquoi s'en étonner d'ailleurs ? Hanoï, ville du savoir scolastique d'inspiration chinoise et Saigon, ville commerciale au rayonnement économique, ne se ressemblent pas. Le cœur de la ville méridionale n'a cessé de battre à l'unisson du delta du Mékong et de Cho Lon son poumon commercial. Aux mains de la minorité hoa (chinois), Cho Lon ne fut jamais domestiqué par les communistes. Ils butèrent, une fois la victoire consommée, sur les chinois qui refusèrent délibérément un système voulant les intégrer de force. C'est par Cho Lon que des dizaines de milliers de Saigonnais prirent la mer au lendemain de la libération pour tenter l'aventure dangereuse de l'exil sur des embarcations de fortune, au risque de

Cho Lon a peu à peu perdu son charme suranné

pour tenter l'aventure dangereuse de l'exil sur des embarcations de fortune, au risque de sombrer en mer de Chine. C'est ce tragique exode qui allait paradoxalement permettre à Ho Chi Minh-Ville de conquérir au début des années 1980 une indépendance relative vis-à-vis de Hanoï. Pour les autorités d'alors, les devises envoyées à leurs familles par tous les Vietnamiens de la diaspora étaient en effet d'une importance capitale.

Des années se sont écoulées. La politique de Doi Moi (littéralement: changer pour faire du neuf) est passée par là, redonnant au couple Saigon-Cho Lon le dynamisme économique que l'on connait aujourd'hui. Adoptée en 1986, et appliquée à grande échelle par le gouvernement de Hanoi à partir de 1988, cette nouvelle politique de transparence et de réhabilitation de l'économie de marché a graduellement mis en pièce le moule communiste dans lequel les autorités de Hanoi avaient tenté de couler la métropole sudiste à partir de 1975. Pis: la reconversion capitaliste a progressivement ramené au premier plan les 500 000 Chinois de Saigon et avec eux un consumérisme effréné, des constructions anarchiques et des réseaux financiers incontrôlables.

Faute d'un souci marqué de préservation historique, Cho Lon a peu à peu perdu ce charme suranné que lui donnait jadis quelques bâtiments coloniaux remarquables. L'ancien lycée franco-chinois est désormais caché de la rue Nguyen Trai par une abominable façade de béton ajourée. Dans les ruelles, les porches discrets sont aujourd'hui masqués par des produits électroniques japonais, coréens ou taiwanais.

METISSAGE ET LITTERATURE

Il y a une chose, néanmoins, que cette résurrection capitaliste épargne tant à Cho Lon qu'à Saigon: ce sentiment indéfinissable de "métissage", ce charme fait d'histoire et de populations mêlées. Pour l'apprécier, il faut arpenter l'une de ces petites cours intérieures de la vieille ville chinoise où subsistent sur deux étages des allées d'appartements décrépis protégés de la rue par d'anciennes portes en bois à double battants. Là se matérialise le Cho Lon décrit par Marguerite Duras tout au long de "l'Amant", son roman biographique. On y retrouve ce même mélange de senteurs et de saveurs et ce même mystère, illustré depuis toujours par les gestes lents et précis du Tai Chi, la gymnastique à laquelle se livrent, dès les premières lueurs du jour, des milliers de Vietnamiens.

Qu'une telle ville ait suscité tant de littérature est presque naturel. Comparée à Hanoi, louée par les poètes, Saigon est une ville de roman. De sa conquête par les Français jusqu'aux traumatismes des deux guerres du Vietnam, des flonsflons de la "Belle Colonie" jusqu'aux vagues incessantes des hélicoptères "yankees", de l'entrée en force des Bo Doi jusqu'au tragique exode des "boat people", la ville n'a cessé d'inspirer les écrivains d'hier et d'aujourd'hui.

Les chocs ressentis et décrits par Bao Ninh, écrivain populaire vietnamien, ont fait entrer

à Hanoi les poètes, à Saigon le roman

Saigon peut être le miroir trompeur de nos aspirations

Les chocs ressentis et décrits par Bao Ninh, écrivain populaire vietnamien, ont fait entrer son premier roman "Tristesse et douleur de la guerre" au panthéon de la littérature de guerre (1). Natif de Hanoi, engagé pendant près de dix ans dans les rangs de l'armée populaire, l'auteur raconte comment sa division est descendue des hauts plateaux pour partir à l'assaut de Saigon quelques jours avant sa chute. Dans ces pages écrites d'une plume trempée de sang, on peut suivre les fantassins nordistes progressant dans le terminal d'Air France de l'aéroport Tan Son Nhut. Décrivant ses errements de Bo Doi fou de joie d'avoir terrassé Saigon, Bao Ninh raconte comment ses camarades et lui se saoulent de whisky et assistent muets au viol d'une femme du Sud. "Il fallait vaincre la ville", dira-t-il plus tard dans une interview. "Il nous fallait discipliner à tout prix cette cité pourrie... qui nous fascinait tous".

De cette pernicieuse fascination, d'autres auteurs et non des moindres ont traité avec force. A commencer par Graham Greene, prolifique écrivain anglais dont l'inoubliable "Un Américain bien tranquille" (2) colle à la peau de Saigon comme le symbole de la naïveté occidentale trompée par la duplicité de la ville. Récit de l'impossible tentative de médiation d'un diplomate américain en pleine guerre du Vietnam, le roman montre combien Saigon

(1) Ed. Philippe Picquier

(2) Ed. Robert Laffont

critères européens de raison, Saigon sera au bout du compte victorieuse dans ce roman. Greene prévoit déjà l'inavouable défaite finale face aux légions déterminées du Vietminh. Création coloniale, fille métissée de l'union entre Français, Vietnamiens et Chinois, Saigon sort incomprise de la tragédie de Greene où le diplomate zélé laissera finalement sa vie, n'ayant pas vu qu'il prenait ses désirs pour la réalité.

"On ne naît pas colonial, on le devient". Ecrite au début de ce siècle par Eugène Pujarniscle, ci-devant professeur dans la "Belle Colonie", cette phrase est sans doute au final la plus appropriée pour saisir la cause de l'apparente incompréhension de tant d'étrangers de passage face à cette ville qui est toujours parvenue à conserver sa personnalité. Sans nul doute, certains écrivains fameux ayant succombé à son charme, comme Malraux ou Greene, y souscriraient d'emblée. C'est davantage une question de tempérament plus que de connaissances, de sentiments plus que de logique, car l'affinité qui lie le visiteur à Saigon est un peu une passion amoureuse et donc, inévitablement, dangereuse.

Quelle image retenir d'Ho Chi Minh Ville?

Quelle image, dans ces conditions, retenir d'Ho Chi Minh-Ville ? Celle des années de faste colonial guindé ? Ou celle de la cité blessée, au coeur de la tourmente révolutionnaire qui devait finalement l'emporter ? Ni l'une, ni l'autre. Car Saigon reste avant tout une ville asiatique dont l'âme n'est jamais mieux représentée que par une autre image, discrète et

devait finalement l'emporter ? Ni l'une, ni l'autre. Car Saigon reste avant tout une ville asiatique dont l'âme n'est jamais mieux représentée que par une autre image, discrète et oubliée: celle des pagodes bouddhistes, lieux de calme et de révérence où des moines hors du temps méditent dans des volutes d'encens. Loin du tumulte de l'histoire, loin de l'affairisme frénétique qui semble s'être de nouveau emparé de la ville, cette image-là est peut-être la plus tranquille. Mais elle est sans doute, à la fin d'un très long voyage, la plus authentiquement vietnamienne.

architecture

Pages Précédentes: *Arrimées au crépuscule et déchargées à l'aube, les barges qui arrivent du Delta du Mékong alimentent chaque jour Ho Chi Minh Ville en riz, légumes et toutes sortes de produits agricoles.*

Gauche: *Les canaux aujourd'hui pollués ont constitué pendant des siècles l'abri de milliers de familles installées sur ces bateaux faisant la navette entre les entrepôts de la cité et la campagne abondante.*

Une vue qui semble immuable depuis une centaine d'années, lorsque les couples coloniaux français se prélassaient en fin d'après-midi le long du lac du Jardin Botanique.

En plein centre de la ville, les anciennes façades coloniales dominent toujours les grandes artères, tel l'ancien Palais du Gouverneur Général de la Colonie, aujourd'hui devenu le Tribunal de Saigon.

Largement inspirés du style architectural français, les colons et administrateurs ont amené à la ville des colonnes néo-classiques et des décorations rococo jusqu'alors inconnues.

Initialement créés pour offrir la meilleure formation aux enfants des colons, les lycées les plus réputés de la colonie propagèrent non seulement les idéaux républicains mais alimentèrent également les aspirations nationalistes d'une jeunesse vietnamienne aisée qui poursuivit d'ailleurs souvent ses études en France.

Le superbe plafond d'un bâtiment à la destinée tragique: situé le long de l'autrefois fameuse rue Catinat, le théatre de Saigon accueillit l'Assemblée Nationale durant le régime Sud Vietnamien qui s'effondra le 30 Avril 1975.

Décorée d'un immense portrait du défunt Président Ho Chi Minh, la poste de Saigon, construite à la fin du siècle dernier, joua un grand rôle dans la vie récente de la ville, en constituant le lien privilégié avec le monde extérieur alors que les communications internationales étaient réduites.

Harmonie des traditions entre l'architecture du Musée d'Histoire et ces jeunes femmes vietnamiennes vêtues d'"Ao Dai".

Haut: *Conçu par Eiffel et situé dans le haut du quartier colonial de la ville, l'hôpital Grall, autrefois le plus réputé de Saigon, n'a pas échappé aux dommages de décennies de guerres, négligence et pauvreté.*

Bas: *Ces salles de classe ne résonnent plus de l'éloquence des professeurs français mais demeurent aujourd'hui des centres de scolarisation importants.*

Ce sombre arroyo pourrait symboliser Cho Lon, où les activités commerciales en surface ne sont rien comparées à celles des profondeurs de la ville chinoise.

Les luxueux paquebots européens ne sont plus ancrés dans le port, mais après des années d'isolement économique la ville accueille à nouveau des cargos qui ouvrent une ère économiquement prometteuse.

Dans le parc d'une villa coloniale récemment transformée en école internationale, ces jeunes collégiens aisés symbolisent les aspirations nouvelles d'une Ho Chi Minh Ville cosmopolite.

De ce point de vue, l'esplanade de la cathédrale ressemblerait à celle de la basilique de Montmartre. Mais malgré l'émergence de nombreux peintres amateurs, Ho Chi Minh Ville ne peut rivaliser artistiquement avec Hanoi, qui reste incontestablement la capitale culturelle du Vietnam.

Gauche: *Soumises à la constante agression de la chaleur et de l'humidité, ces maisons coloniales si colorées continueront de se délabrer sans la mise en place d'une politique active de conservation.*

Droite: *Traditionnellement, les artisans saigonnais étaient parmi les meilleurs de tout l'empire colonial français, comme cette lampe gothique forgée à la main peut le montrer.*

Gauche: *A l'image de ce temple fermé par une lourde porte, l'âme de Saigon reste un mystère pour les visiteurs contemporains.*

Droite: *Sur l'avenue Tran Hung Dao, à quelques pas de l'emplacement du Casino colonial "le Grand Monde", se dresse un des vestiges de l'héritage architectural de Cho Lon.*

Dans Ho Chi Minh Ville aujourd'hui, les antiques "ghe" (barque) sont encore très utiles pour transporter des passagers d'un bord à l'autre des canaux.

Gauche: *Les imposants portails du Saigon d'autrefois ont été remplacés par de modestes barrières métalliques, avec l'espoir de laisser à l'écart la foule des ruelles bondées.*

Droite: *Il existe de nombreux bidonvilles dans les quartiers les plus denses de la ville où les simples maisons de bois et de briques sont littéralement empilées les unes sur les autres.*

De la terrasse de l'Hôtel Rex, un des plus beaux points de vue de Saigon, l'Hôtel de Ville et les flèches de la Cathédrale émergent à l'unisson du brouhaha de la ville.

Plantés à l'apogée de la colonie, de nombreux arbres ombragent la ville et chaque ruelle rapporte l'écho d'un passé toujours présent.

Gorgée d'humidité, la végétation tropicale fleurit aujourd'hui encore la cour du Lycée Nguyen Du.

Page suivante: *En plein coeur d'une Asie où le riz constitue l'aliment de base, la région indochinoise dans son ensemble et Ho Chi Minh Ville en particulier cultivent le goût et la consommation quotidienne d'un pain tout simplement délicieux.*

t r a d i t i o n s

Pages précédentes: *Parier est à Saigon un passe temps traditionnel. Chaque dimanche à l'hippodrome de "Phu To", la foule démontre si besoin était que cette passion du jeu n'a pas vraiment changé.*

Haut: *Partout dans le pays le billard français est l'une des principale distraction pour les hommes qui parient sur chaque coup. Le nouveau venu trouvera le jeu d'autant plus difficile que les vietnamiens sont fort habiles et les tables quelquefois trop anciennes.*

Bas: *Un "Babyfoot" bien français qui a traversé mers et ans pour faire la joie de ces jeunes garçons d' un quartier populaire.*

Ces antiques jumelles sont un accessoire chic et utile sur un champ de courses.

Au Vietnam, où les moins de 20 ans représentent 40% de la population, les sourires des enfants sont une constante source de joie pour le visiteur.

Parangon de l'innocence, drapées de légers "Ao Dai" immaculés, ces jeunes filles peuvent enfin, après des années de bouleversement, laisser éclater leur joie de vivre.

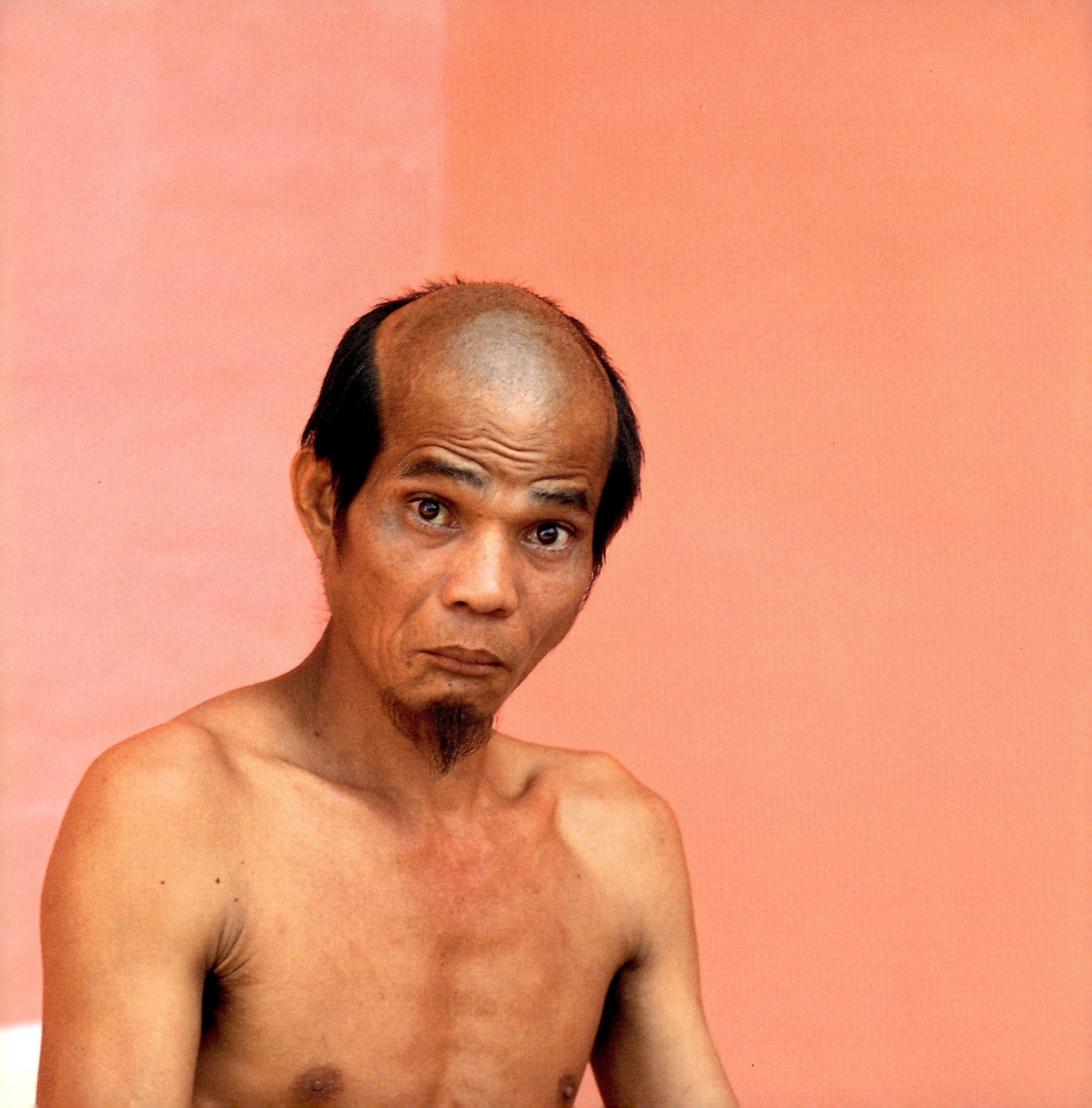

Le charme des vendeuses de rue et le silencieux mouvement des bicyclettes disparaîssent progressivement de la circulation chaotique de la ville, écartés par des bataillons de cyclomoteurs.

Gauche: *Un sphinx dans les rues de Saigon? Non, tout simplement un Vietnamien de l'ethnie musulmane Cham aujourd'hui minoritaire, qui autrefois régna sur le centre du pays et fut chassée par les Annamites.*

A mêmes maux, nouveaux remèdes: sous la menace constante d'orages six mois de l'année, tous les résidents d'Ho Chi Minh Ville sont équipés de capes ou autres cirés qui leur permettent en quelques minutes d'éviter une douche violente.

En chaque endroit de la ville l'ancien et le moderne se cotoient jusqu'au moindre détail, comme ici les accessoires de cette dame distinguée.

Au couchant, les vaisseaux vivement éclairés n'empêchent en aucun cas l'intimité du bain du soir dans la Rivière Saigon.

Un plongeon spectaculaire pour cet enfant de Cho Lon qui a grandi au bord de l'arroyo chinois au même rythme que la ville qui l'entoure.

Des aires gardées protègent les bicyclettes d'éventuels voleurs. Heureusement un ticket muméroté permet de retrouver son véhicule au sein d'un océan de vélos identiques.

Difficile équilibre pour cet éleveur des faubourgs qui amène aux restaurateurs de la ville une large partie de sa basse-cour. Les nombreux amateurs de canard lui sauront gré de la fraîcheur des produits.

Entre rêve et réalité, l'image évanescente de jeunes filles en route pour un lycée du centre ville.

Plus difficile qu'il n'y parait, conduire un cyclo-pousse dans les rues bouillonnantes de Saigon réclame selon la charge un effort parfois incroyable et se rapproche bien souvent de l'art ... de l'esquive.

Haut: *En arrivant à l'aéroport Tan Son Nhut, les visiteurs auraient pu remarquer les hélicoptères américains délabrés de la période de guerre. Ils ont désormais été mis au rencart. Mais, un peu plus loin, les triporteurs sont toujours là.*

Bas: *Cette traction avant française a régné sur les routes coloniales de Saigon. Les voitures anciennes sortent aujourd'hui des garages, souvent achetées par les Vietnamiens de l'étranger, nostalgiques de ce passé.*

Un "Pho" chaudement poivré, dégusté à l'ombre des murs ocres, est un vrai régal traditionnel, ici comme chez toutes les communautés vietnamiennes à travers le monde.

Gauche: *Même le long des ruelles les plus modestes, aux étalages de nourriture bon marché, la grâce naturelle de ces jeunes femmes est la fierté de la ville.*

Le métissage est encore une caractéristique particulière du charme de Saigon...

..Même si la mémoire du Cho Lon ancien est scrupuleusement protégée par ces vieux chinois, gardiens silencieux des secrets de l'enclave de Hoa.

Paralysées par des années de difficultés économiques et dépourvues de matériels d'enseignement adéquats, les écoles ne peuvent s'occuper de tous. Pourtant, chacun trouve le temps de sourire.

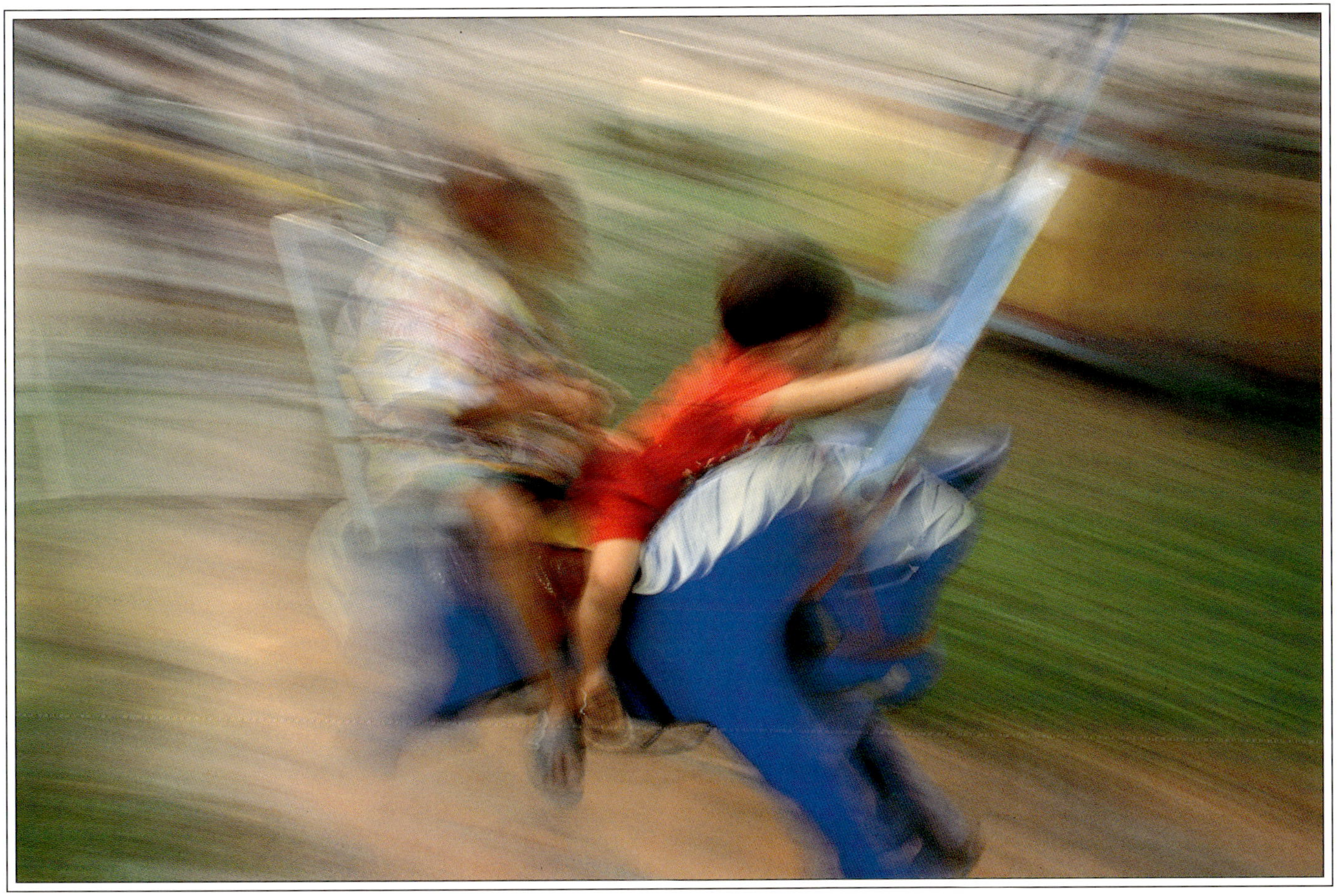

Contraste quotidien de ces enfants insouciants sur des chevaux de bois d'un autre âge. Depuis des siècles Saigon balance en un perpétuel mouvement entre son passé et son présent.

Haut: *Le charbon reste la source d'énergie domestique la plus courante et la moins chère. Dans de nombreuses arrière-cours les boulets sont façonnés avec précaution pour alimenter des poêles désuets.*

Bas: *Un labeur pénible, ici autour d'une forge, n'interdit pas l'humeur joyeuse.*

Haut: *Il faut plusieurs semaines d'un travail soigné pour qu'une laque puisse trôner dans la vitrine d'un marchand de Dong Khoi.*

Bas: *Cigarette? Sur les marchés, le tabac se vend traditionnellement en vrac, au poids ou à la botte. On est loin du jour où une entreprise d'Etat a été condammée pour la production illégale de fausses "Marlboro".*

Page suivante: *Les offrandes du matin, des fleurs et de la nourriture, pour le sourire d'un bonze.*

r e l i g i o n

彌

Pages précédentes: *250 ans d'activité n'ont pas altéré la majesté de la pagode Giac Lam, où l'écarlate se mêle à l'or pour accueillir le visiteur.*

Gauche: *Dans les nombreuses pagodes de la ville, le lent mouvement des fumées bleues des bâtonnets d'encens qui se consument rend hommage aux ancêtres disparus.*

Haut: *Ici, ce sont les gardiens chinois de la connaissance et de la piété qui observent les visiteurs du temple.*

Bas: *Passer cette porte...et l'âme religieuse de Saigon apparaîtra.*

La peine de toute une famille s'exprime dans le chaos de cette procession funéraire à travers la ville.

Un sourire plein de promesses émerge d'une profonde ferveur religieuse.

Gauche: *Comme leurs parents et leurs grands-parents avant eux, la nouvelle génération des catholiques de Saigon se réunit pour les grandes occasions à l'ombre de la majestueuse cathédrale.*

Droite: *Couverts de plaques de marbre aux inscriptions françaises, chinoises et vietnamiennes, les murs de la cathédrale ont été les témoins de toutes les souffrances.*

Officiellement interdites d'enseignement depuis la prise de la ville par les communistes en 1975, les nonnes réapparaissent discrètement. Elles ouvrent à nouveau leurs écoles privées avec le soutien tacite d'un régime impatient de reconstruire le système d'éducation nationale.

Le symbole le plus remarquable du métissage de Saigon est sûrement le culte de Cao Dai. Il mêle les références spirituelles de l'ancien dirigeant chinois Sun Yat Sen, du poète romantique Victor Hugo et du scientifique Camille Flammarion.

Gauche: *Vêtus différemment de leurs confrères des pays voisins, les moines bouddhistes du Vietnam suivent l'école du Grand Véhicule.*

Le silence et la dévotion sont obligatoires dans les temples.

C'est toujours une grande fierté pour une famille de voir l'un des siens entrer en religion, même pour une courte période. Cette jeune femme de l'étranger, en se rendant à la pagode où se trouve sa cousine, n'échappe pas à la règle.

Un savant dosage des différents styles d'architecture religieuse pour ce mausolée des années 20 aujourd'hui isolé sur l'avenue Tran Hung Dao.

La ville a gardé la trace du prosélytisme catholique de la fin du siècle dernier comme l'atteste cette charmante église de quartier.

présentation des sponsors

Asie Lointaine, société privée, a une grande expérience d'organisation pour les individuels et les groupes et est également créateur d'événements pour les incentives et les voyages à thème. Asie Lointaine s'est établie au Vietnam dans le but d'aider et de personnaliser toutes sortes de voyage. Cette agence est implantée au Vietnam, au Cambodge et en Birmanie. Ces pays ouverts depuis peu de temps aux touristes nécessitent une organisation et une connaissance parfaites du terrain, ses guides en majorité francophones et anglophones apportent le plus nécessaire à la satisfaction de sa clientèle.

ASIE LOINTAINE -38 rue Ly Tu Trong, Q1, HCMville
Tél. agence : 84-8-258 623
Mobile : 84-8-904 944
Fax : 84-8-290 301
Pour plus de renseignement, veuillez faxer si nécessaire.

ViêtnAmitié

Association francophone pour "favoriser les échanges culturels, scientifiques, sanitaires et techniques entre la FRANCE et le VIETNAM"

ViêtnAmitié est un groupe fraternel qui participe au développement des échanges entre la FRANCE et le VIETNAM. Ce groupe n'appartient à aucun parti politique, à aucun mouvement idéologique ou confessionnel. Sa devise est tout simplement celle de la Francophonie : "égaux, différents, unis".
Le VIETNAM avec ses deux voisins, le LAOS et le CAMBODGE, s'est trouvé lié à la FRANCE pour le meilleur et pour le pire. Et voici qu'aujourd'hui tout concourt à réinventer ce dialogue.
ViêtnAmitié (Viêt phap huu nghi) est animée par le sentment de réciprocité et la certitude de l'intérêt mutuel.

8 rue Lalo, 75116 PARIS Tél-Fax : (33 1) 45 01 54 43
ou 83 370 SAINT-AYGULE Tél-Fax : (33 1) 94 81 75 50

Xtra image est une société assurant la production complète de brochures, des travaux de mise en page, photographie industrielle et publicitaire ainsi que la retouche photographique sur ordinateur. Xtra image à lancé une série de guides de poches sur l'Asie du sud-est appelée "The Great Little Guide".
Xtra image est à Bangkok, fax 662-275 2585